BEI GRIN MACHT SICH
WISSEN BEZAHLT

- Wir veröffentlichen Ihre Hausarbeit,
  Bachelor- und Masterarbeit

- Ihr eigenes eBook und Buch -
  weltweit in allen wichtigen Shops

- Verdienen Sie an jedem Verkauf

Jetzt bei www.GRIN.com hochladen
und kostenlos publizieren

Ralf Nowak

Kosten und Nutzen von Portalen im Unternehmen

GRIN Verlag

Bibliografische Information der Deutschen Nationalbibliothek:

Die Deutsche Bibliothek verzeichnet diese Publikation in der Deutschen National-
bibliografie; detaillierte bibliografische Daten sind im Internet über http://dnb.d-
nb.de/ abrufbar.

Impressum:

Copyright © 2003 GRIN Verlag GmbH
Druck und Bindung: Books on Demand GmbH, Norderstedt Germany
ISBN: 978-3-640-12391-9

Dieses Buch bei GRIN:

http://www.grin.com/de/e-book/112759/kosten-und-nutzen-von-portalen-im-
unternehmen

Hausarbeit im Fach DV III
Sommersemester 2003

Kosten und Nutzen von Portalen im Unternehmen

Eingereicht von:
Ralf Nowak

Essen, 30. Juni 2003

Inhaltsverzeichnis

Abbildungsverzeichnis

Abkürzungsverzeichnis

bzw.	beziehungsweise
ca.	circa
CIB	Common Information Bus
CRM	Customer-Relationship-Management
EAI	Enterprise-Application-Integration
EDV	elektronische Datenverarbeitung
ERP	Enterprise-Resource-Planning
evtl.	eventuell
f., ff.	folgende
gem.	gemäß
http	Hypertext Transfer Protocol
ROI	Return on Investment
TCO	Total Cost of Ownership
u.a.	unter anderem
u.U.	unter Umständen
URL	Uniform Resource Locator
usw.	und so weiter
vgl.	vergleiche
www	World Wide Web
XML	Extensible Markup Language
z.B.	zum Beispiel

1. Einleitung

1.1. Problemstellung

Mit der immer weiter voranschreitenden Technisierung von Geschäftsprozessen in Unternehmen sehen sich viele Verantwortliche heute mit einer Vielfalt Informationsquellen konfrontiert. Waren vorher die Aktivitäten und Prozesse unter Umständen nur in Papierform durch z.B. Arbeitsanweisungen oder Erfassungslisten abgebildet, wurden Bestellungen, intern wie extern, nur telefonisch oder persönlich entgegengenommen, also manuell erfasst, so erhoffen sich Unternehmen durch die Umstellung auf die elektronische Datenerfassung und Weiterverarbeitung die Beschleunigung und übersichtlichere Gestaltung der Geschäftsprozesse. Wo vorher diverse Papierablageformen (Körbchen, Ordner, Schublade, Hefter, ...) je nach Organisationsgrad mehr oder weniger „durchforstet" werden mussten, soll die elektronische Erfassung Abhilfe schaffen. Allerdings ist eine Organisation nicht allein mit der Einführung von Textverarbeitung und Tabellenkalkulation am Arbeitsplatz erreicht. Solange keine zentrale Organisation erfolgt, herrscht am Arbeitsplatz der gleiche Wildwuchs auf der Festplatte, der auch im Schrank vorkommen kann.

Die meisten mittelständischen Unternehmen sind in der heutigen Zeit mit Workstations ausgestattet, welche wiederum in einem Netzwerk zusammengeschlossen sind. Über dieses Netzwerk wird in der Regel ein eMail-Server betrieben, die gemeinsam genutzten Drucker eingebunden und evtl. ein Internet-Zugang bereitgestellt. Des Weiteren wird die in der Firma benutzte spezifische Software bereitgestellt, z.B. für die Buchhaltung, Lagerverwaltung, Vertragsverwaltung, den elektronischen Zahlungsverkehr, usw., für die u.U. jeweils eine zentrale Datenbank benötigt wird. Die Workstations selber wiederum sind in der Regel zusätzlich mit Textverarbeitungs- und Tabellenkalkulationssoftware ausgestattet. Der Angestellte startet von seiner Workstation die entsprechenden Programme um seine aktuelle Aufgabe zu bearbeiten und sichert das Ergebnis. Alle Programme mit zentraler Datenbank (z.B. eine Vertragsverwaltung mit Kundenstammdatenbank) werden entsprechend allgemein zugänglich gesichert, das Problem bilden allerdings Applikationen mit eigenen Datenbanken, welche nur für bestimmte Abteilungen zugänglich sind (z.B. Finanzbuchhaltung, externe Zahlungsverkehrssoftware, Personalsysteme), und evtl. lokal gespeicherte Informationen. Hier fehlt die „Kommunikation" zwischen den einzelnen Datenbanken.

Das Problem bei dieser Art von Arbeitsplatz ist die Vielfältigkeit der Möglichkeiten bei der Ablage von Daten. Wie kann dem Angestellten ein Werkzeug an die Hand gegeben werden, dass ihn durch die Anwendungslandschaft leitet, und wie kann gewährleistet werden, dass alle Angestellten die für sie relevanten Daten schnell zur Hand haben und dass sie Ihre Informationen, welche sie evtl. zuerst bekommen, für das Unternehmen sinnvoll verwahrt werden. Ein Schlagwort in diesem Zusammenhang heißt „Portal".

1.2. Gang der Untersuchung

Im Folgenden soll diese Arbeit einen Überblick darüber verschaffen, was Portale sind und was sie leisten. Über eine Darstellung des modernen eBusiness wird geprüft, welche Bereiche im Unternehmen durch Portale erfasst werden können und was bei der Integration von Portal-Lösungen zu beachten ist. Einer Betrachtung der Kostentreiber für Portal-Lösungen folgt eine Aufstellung verschiedener Portal-Software-Anbietern. Am Ende der Arbeit steht das Fazit.

2. Das Portal

2.1. Das Portal und was darunter verstanden wird

Der Begriff „Portal" wird heute in vielen Varianten benutzt. Man Spricht von Internet- bzw. Web-Portalen, Kunden-Portalen, Fach-Portalen, Themen-Portalen, Studenten-Portalen, usw. Dabei ist der Begriff „Portal" nicht allgemeingültig definiert. Bei dem Vergleich verschiedener Beschreibungen kann man aber einen grundsätzlichen Konsens feststellen. Für die einen ist ein „Portal die universelle und zugleich personalisierte Schnittstelle zu allen internen und externen Informationen und IT-Applikationen eines Unternehmens"[1], andere beschreiben Portale als „Integrationsplattformen - für Inhalte, für Kommunikationsprozesse und für vielfältige Anwendungen"[2]. Goldman Sachs Investment Research definiert Portale für sich als Anlaufpunkt für größere Anzahlen von wiederkehrenden Usern oder Abonnementen im Rahmen spezieller Dienstleistungen[3]. Zusammenfassend kann man festhalten, dass Portale Websites sind, die den Einstieg in ein Informationsangebot ermöglichen sollen.

2.1.1. Das Intranet als Vorgänger des Portals

Das Intranet wurde schon früh als Informationssystem für Unternehmen erkannt. Seit ca. 1995 hat sich das Intranet, basierend auf http-Servern in Verbindung mit normalen Web-Browsern, als Ersatz für kommerzielle Groupware-Produkte wie Lotus Notes, Novel Groupwise oder Microsoft Exchange entwickelt[4]. Somit war es möglich, allen Mitarbeitern über eine einheitliche Oberfläche in bekannter Web-Struktur wichtige Informationen bereitzustellen. Hierzu gehört z.B. auch die Anbindung von Niederlassung und des Außendienstes. Das Intranet wurde und wird unter anderem dazu genutzt, um folgende Informationen unternehmensübergreifend bereitzustellen:

---

[1] Utzinger, Stefan (Conceptware AG): Dritter virtueller Roundtabel, Mai 2001, URL:
http://www.contentmanager.de/magazin/artikel_43-23_dritter_virtual_roundtable_-.html (01.06.2003)
[2] Amm, Martin (adenin TECHNOLOGIES AG): Dritter virtueller Roundtabel, Mai 2001, URL:
http://www.contentmanager.de/magazin/artikel_43-23_dritter_virtual_roundtable_-.html (01.06.2003)
[3] Vgl. Goldman Sachs Investment Research: „Internet Portals in Europe", Seite 3, 24. März 1999, URL:
http://people.freenet.de/kmoschner/europe_portals.pdf (19.06.2003)
[4] Vgl. Schätzler, Daniel; Eilingsfeld, Fabian: „Intranets" 1. Auflage 1999; Vorwort

- Normen
- Werksnormen und Vorschriften
- Dokumentationen
- Qualitätssicherungs-Handbücher
- Softwarefreigaben
- Bedienungsunterlagen
- Schulungsunterlagen
- Kataloge
- Telefon- und Adressverzeichnisse
- Mitteilungen der Geschäftsleitung

Zur Ermittlung und Aktualisierung der im Intranet präsentierten internen und externen Informationen ist es nötig, Personen zu beauftragen, welche die Pflege und Kontrolle der Daten übernehmen, das „Content-Management" leisten.

2.1.2. Abgrenzung Intranet - Portal

Das Intranet ist im Gegensatz zum Portal nur eine im lokalen bzw. im Firmen-Netzwerk bereitgestellte statische Web-Site, welche der User nach bereitgestellten Informationen durchsuchen kann. Wie auf einer Homepage sind die Inhalte verlinkt, durch eine vom Content Manager gepflegte Struktur soll der User durch wenige Klicks zu den gewünschten Informationen gelangen. Das Intranet ist allgemein zugänglich, die abgelegten Informationen können von jedem abgerufen werden, der als berechtigter Client Zugang über seine Workstation hat. Der User hat hier nur die Möglichkeit per „Pull"-Verfahren an seine Informationen zu kommen, er muss regelmäßig die für ihn relevanten Bereiche durchsuchen. Eine Information über neue Inhalte kann hier nur global, z.B. durch einen regelmäßigen Newsletter, in Umlauf gebracht werden. Der User muss trotzdem noch selektieren, da er auch für ihn nicht relevante Informationen bekommt.

Das Portal hingegen bietet einen rollenbasierten Zugang zu den für die User bereitgestellten Informationen und Diensten. Aufgrund ihrer Position im Unternehmen und ihrer ausgeübten Tätigkeit werden den Usern Rechte zugewiesen. Vor der Benutzung des Portals steht die Authentifizierung des Users, auch um Missbrauch zu vermeiden. Über die Rechte wird nun der

Zugriff auf die Daten geregelt. So ist gewährleistet, dass der jeweilige User schnell die für ihn relevanten Informationen findet. Portale unterstützen den User nicht nur bei der Suche nach Dateinamen, sondern auch bei der Suche nach Inhalten. Über die Verknüpfung mit Mail-Servern kann eine eMail-Benachrichtigung zur Verfügung gestellt werden, so dass der User Bereiche des Portals abbonieren kann und bei und bei Änderungen informiert wird. Weiterhin stellen sie den einzigen Einstiegspunkt für die auf der Domäne verfügbaren Ressourcen.

2.2. Arten und Formen von Portalen

Der Begriff des Portals eröffnet eine breite Auswahlmöglichkeit an Einsatzgebieten und der zu verwaltetenden Inhalte. Die folgende Unterpunkte sollen die Differenzierung zwischen verschiedenen Portal-Typen erleichtern:

2.2.1. Vertikale und horizontale Portale

Portale werden anhand der anvisierten Zielgruppe und den für diese Zielgruppe angebotenen Informationen differenziert. Informieren horizontale Portale eine breite Zielgruppe über unterschiedliche Themenbereiche (z.B. www.freenet.de oder www.web.de), so konzentrieren sich wiederum vertikal konzipierte Portale auf einen speziellen Themenbereich für eine bestimmte Kernzielgruppe[5] (z.B. www.aktiencheck.de oder www.musicaliens.de). Eine grafische Übersicht bezüglich der Einteilung bietet Abbildung 1.

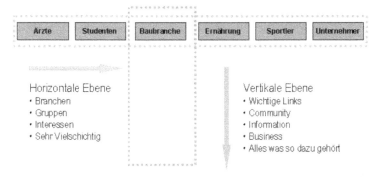

---

[5] Vgl. Hansen, H.R.; Neumann, G.: „Wirtschaftsinformatik I"; 8. Auflage 2002, Seite 589

Abbildung 1: Einteilung horizontale/vertikale Portale[6]

2.2.2. „A2N"-Portale

In Anlehnung an die betriebswirtschaftliche Unterteilung der Geschäftsbeziehungen, den so genannten B2X-Beziehungen, wird differenziert, wer (Anbieter) in dem Portal mit wem (Nachfrager) Kontakt aufnehmen kann. Die Kontakt-Gruppen sind zu unterteilen in die Unternehmen (Business), die Konsumenten (Consumer) und die Arbeitnehmer/Angestellte (Employee). Die Matrix in der Abbildung 2 soll eine Übersicht der theoretisch möglichen Portal-Kontakte geben:

Nachfrager \\ Anbieter	Business	Consumer	Employee
Business	B2B Händlerportale	B2C www.amazon.de www.conrad.de ...	B2E Mitarbeiterportale BASF AG (BASIKS) ...
Consumer	C2B www.letbuyit.com oder auch: www.ebay.de ...	C2C www.ebay.de	-
Employee	E2B www.monster.de www.jobpilot.de ...	-	E2E Einrichtung im Mitarbeiterportal

Abbildung 2: „A2N"-Matrix

Die geläufigsten Unterteilungen sind Business to Consumer Portale (B2C), Business to Business Portale (B2B) und Business to Employee Portale (B2E).

---

[6] Tongalogolu, Cetin: "Web Portale", 24.01.2001, URL: http://vsis-www.informatik.uni-hamburg.de/vir/vortraege/VIR2000-Tongaloglu-portals/sld011.htm (24.06.2003)

3. Einsatz von Portalen im Unternehmen

Ausgehend von der Definition, dass Portale Einstiegspunkte in Informationsangebote darstellen, soll zunächst geprüft werden, wo im Unternehmen eine Grundlage für den Portaleinsatz besteht.

3.1. Der „Rohstoff" Information

Bestehen größere Unternehmen heute aus mehreren Abteilungen, welche an der Wertschöpfungskette beteiligt sind, so wird die Information als Produktionsfaktor immer wichtiger[7]. Informationen sind in diesem Zusammenhang z.B. auch Instruktionen über den Ablauf von unternehmensinternen Prozessen. Als Merkmal für den Umgang mit dem Produktionsfaktor Information muss festgehalten werden, dass eine Information:

- nicht physisch abgenutzt werden kann,
- beliebig vervielfältigt werden kann,
- verloren gehen kann,
- fehlerhaft sein kann,
- obwohl richtig, wertlos sein kann, wenn zur falschen Zeit bereitgestellt und
- inhaltlich altern kann[8].

Der Schnelligkeit und der Dynamik, mit der sich Informationen wandeln, muss das Unternehmen mit entsprechendem Informations-Management Herr werden. Das Informations-Management ist mittlerweile fester Bestandteil des eBusiness.

3.2. eBusiness

Mit den wachsenden technischen Möglichkeiten und dem zunehmenden Grad an Organisation, welchen ein Unternehmen haben muss, um am Markt konkurrenzfähig zu bleiben, hat sich seit Anfang der 90er Jahre die EDV-technische Abbildung von Geschäftsprozessen weiterentwickelt. Die Summe der EDV-Lösungen Im Unternehmen wird unter dem Begriff des eBusiness

---

[7] Vgl. Schätzler, Daniel; Ellingsfeld, Fabian: „Intranets" 1. Auflage 1999; Seite 1

[8] Vgl. Schätzler, Daniel; Ellingsfeld, Fabian: „Intranets" 1. Auflage 1999; Seite 2

zusammengefasst. Aufgeteilt in die klassischen Bereiche „Beschaffung",
„Fertigung" und „Absatz" werden eProcurement-Systeme, Enterprise-Resource-
Planning-Systeme (ERP-Systeme) und Customer-Relationship-Management-
Systeme (CRM-Systeme) unterschieden. In Abbildung 3 ist das Gefüge der drei
Systeme im Unternehmen dargestellt:

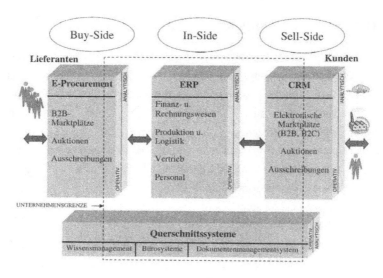

Abbildung 3: Gesamtkonzept eines eBusiness-Systems[9]

Ergänzt um die so genannten Querschnittssysteme wie Knowledge-
Management-, Dokumenten-Management- und Business-Systeme sind somit
alle Vorgänge im Geschäftsbetrieb abgebildet.

Im folgenden wird auf die einzelnen Bereiche eingegangen.

3.2.1. Enterprise-Resource-Planning-Systeme

Integrierte Anwendungspakete, welche alle wesentlichen betriebliche
Funktionsbereiche wie Beschaffung, Produktion, Vertrieb, Finanzwesen,
Personalwesen, usw. abdecken, werden unter dem Begriff des ERP-Systems
zusammengefasst. Hier steht die innerbetriebliche Optimierung der

---

[9] Abts, Dietmar; Mülder, Wilhelm: „Grundkurs Wirtschaftsinformatik"; 4. Auflage 09/2002; Seite 151

Geschäftsprozesse im Vordergrund.[10] Die Kern-Idee ist die Erfassung und Verwaltung von Daten in einer zentralen Datenbank, um die redundante Dateneingabe und -pflege zu vermeiden. In diesem Zusammenhang wird verhindert, dass Kunden und Geschäftspartner mit fehlerhaften Informationen kontaktiert werden.

3.2.2. eProcurement-Systeme

Die Beschaffung von Gütern und Dienstleitungen über das Internet wird als eProcurement bezeichnet. Das Ziel von eProcurement-Systemen ist es, die Beschaffungsprozesse in einem Unternehmen elektronisch abzubilden und die Anbindung an die ERP-Systeme des Einkäufers und des Verkäufers zu realisieren. Die Software eines eProcurement-Systems umfasst folgende Komponenten:

- Elektronischer Produktkatalog
- Elektronischer Warenkorb zur Aufnahme der kumulierten Bestellungen des Bedarfsträgers
- Personalisierung
- Order-Tracking zur Verfolgung des Bestellvorgangs
- Analysemöglichkeiten zur Bedarfssteuerung und Schwachstellenerkennung

Das Ziel ist die Optimierung der herkömmlichen Beschaffungsprozesse.[11]

3.2.3. Customer-Relationship-Management-Systeme

Die Unterstützung von Marketing, Vertrieb und Service durch Unternehmensübergreifende, integrierte Informationssysteme wird unter dem Begriff des CRM zusammengefasst. Der Kunde soll das Unternehmen als eine Person wahrnehmen, neben dem traditionellen persönlichen Kundenkontakt muss das CRM-System auch elektronische Kontakte abbilden können. Sämtliche Informationen zum Kunden werden über eine Datenbank erfasst auf die alle Mitarbeiter im kundenorientierten Bereich Zugriff haben.[12]

---

[10] Vgl. Hansen, H.R.; Neumann, G.: „Wirtschaftsinformatik I"; UTB, 8. Auflage 2002, Seite 523

[11] Vgl. Abts, Dietmar; Mülder, Wilhelm: „Grundkurs Wirtschaftsinformatik"; 4. Auflage 09/2002; Seite 223ff

[12] Vgl. Abts, Dietmar; Mülder, Wilhelm: „Grundkurs Wirtschaftsinformatik"; 4. Auflage 09/2002; Seite 230ff

3.2.4. Querschnittssysteme

Anwendungssysteme, die nicht einem bestimmten betrieblichen Funktionsbereich oder einer bestimmten Benutzergruppe zugeteilt werden können, werden unter dem Begriff der Querschnittssysteme subsumiert. Hierzu gehören Anwendungen, die an allen bzw. vielen Arbeitsplätzen genutzt werden. In diesen Bereich fallen Bürokommunikationssysteme, Workflow-management-Systeme, Multimediasysteme, Wissenmanagement-Systeme, die unter Gliederungspunkt 2.1.1. dargestellten Intranet-Lösungen, sowie auch die so genannten Unternehmens-Portale[13].

3.3. Das Unternehmens-Portal

Im Unternehmen soll ein Portal als Bindeglied zwischen allen internen und externen Informationsquellen dienen, so dass es als ein zentraler Einstiegspunkt die Verknüpfung aller Abteilungen und Bereiche herstellen kann. Unternehmensportale stellen eine spezielle Form der vertikalen Portale dar, in der Regel spricht man hier von Enterprise-Portalen.

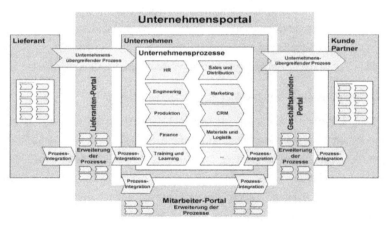

Abbildung 4: Das Unternehmensportal[14]

---

[13] Vgl. Abts, Dietmar; Mülder, Wilhelm: „Grundkurs Wirtschaftsinformatik"; 4. Auflage 09/2002; Seite 170

[14] Gurzki, Thorsten, Frauenhofer Institut, Arbeitswirtschaft und Organisation: URL:
http://www.gurzki.de/vortraege/ebusiness_lounge2003/Gurzki_Mitarbeiterportale_E_Business_Lounge_Hamburg.pdf
(19.06.2003)

Das Zusammenspiel der Unternehmensinternen und -externen Prozesse in Verbindung mit den Geschäftsbereichen eines Unternehmens sind in der Abbildung 4 dargestellt. Bereichsorientierte Portale wie das Lieferanten-Portal, das Geschäftskunden-Portal und das Mitarbeiter-Portal werden in der Funktion des Enterprise-Portals zusammengefasst.

3.4. Einbindung von Portalen im Unternehmen

Die so genannten „Enterprise-Portals werden zumeist mit neuen Technologien realisiert, die als weitere Komponenten in die bestehende Applikationslandschaft eines Unternehmens eingefügt werden. Da sie sich an Geschäftsprozessen orientieren, benötigen sie Daten bzw. Funktionen, die über die nach Abteilungen getrennten bestehenden Applikationen verteilt sind. [...] Diese Verbindungen lassen sich über 1:1 Schnittstellen leicht realisieren. Nimmt die Anzahl der miteinander zu koppelnden Applikationen zu, so steigen der Erstellungs- und noch mehr der Wartungsaufwand."[15] Hat das Unternehmen bis zu diesem Zeitpunkt noch keine einheitliche Schnittstelle zwischen den verschiedenen eingesetzten Applikationen, z.B. durch den Einsatz der Applikationen fast ausschließlich eines Anbieters, so steht es vor der Entscheidung, eine Portal-Lösung aufzusetzen, welche bei der nächsten Änderung an Ihre Grenzen stößt, oder nach einer Schnittstelle zu suchen, die die vorhandenen Applikationen verbindet. Eine solche Schnittstellen-Schicht wird als Enterprise-Application-Integration-Schicht (EAI-Schicht) bezeichnet. Die einzelnen Applikationen brauchen jeweils nur eine Schnittstelle zu der EAI-Schicht, um die Unternehmens-Daten zur Verfügung zu stellen. Die anderen Applikationen brauchen dementsprechend nur eine Schnittstelle, um die Daten einzulesen und weiterverarbeiten zu können. Abbildung 5 gibt eine Übersicht anhand eines Beispiels einer EAI-Lösung. „Kernkomponente ist der Message-orientierte Kommunikationsbus (kurz CIB – Common Information Bus), über welchen die integrierten Anwendungen asynchron kommunizieren können. Der

---

[15] Schelp, Joachim; Winter, Robert in Meinhardt, Stefan; Popp, Karl: „Enterprise-Portale & Enterprise Application Integration"; dpunkt.verlag; Juni 2002; Seite 8

Austausch von XML-basierten Nachrichten erfolgt sowohl zwischen den am Bus angeschlossenen Teilsystemen als auch zur Integrationsapplikation hin."[16]

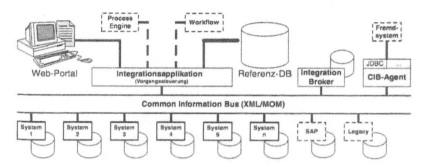

Abbildung 5: Beispiel EAI-Lösung[17]

[16] Schmietendorf, Andreas; Dimitrov, Evgeni; Lezius, Jens; Dumke, Reiner in: Meinhardt, Stefan; Popp, Karl: „Enterprise-Portale & Enterprise Application Integration"; dpunkt.verlag; Juni 2002; Seite 75
[17] Schmietendorf, Andreas; Dimitrov, Evgeni; Lezius, Jens; Dumke, Reiner in: Meinhardt, Stefan; Popp, Karl: „Enterprise-Portale & Enterprise Application Integration"; dpunkt.verlag; Juni 2002; Seite 75

4. Kosten des Portaleinsatzes für Unternehmen

Für den Unternehmer stehen bei Neuinvestitionen zwei Begriffe im Vordergrund: TCO und ROI. Was kostet ihn die Investition und trägt die Investition zur Erwirtschaftung der eigenen Kosten bei? Im Folgenden werden die Kostentreiber und die erhofften Gewinne betrachtet.

4.1. Kosten der Portal-Lösung (TCO)

Vor der Planung eines Portalkonzeptes muss dem Unternehmen bewusst sein, dass für die Einrichtung, den laufenden Betrieb und die Aufrechterhaltung des Portals folgende Kostenkategorien, Einmal-Kosten und wiederkehrende Kosten, berücksichtigt werden müssen:

1. „Hardware: Betriebs- & Connectivity-Kosten
2. Wiederkehrende Software-Lizenzen
3. Laufende Applikations-Entwicklungen
4. Content Management
5. Technisches Personal & Support
6. Ausbildung [der] Technik- & Endanwender
7. Kosten für Replacement
8. Consulting: Initial & Ongoing"[18]

4.2. Return on Investment (ROI)

Die Wiedererwirtschaftung der Kosten für eine Portal-Lösung ist nicht quantifizierbar wie zum Beispiel die Anschaffung einer Maschine für den Produktionsbetrieb. Zwar kann können die Gesamt-Kosten im Rahmen des betrieblichen Rechnungswesens und der Kostenstellenrechnung erfasst werden, aber der Output bleibt im Gegensatz zur echten Produktion eine Blackbox. Der Vorteil für das Unternehmen schlägt sich in den optimierten Geschäftsprozessen wieder, so dass sich folgende Benchmark-Positionen herausgliedern:

---

[18] Amrein, Jürgen, Amrein Engineering AG, URL: http://www.amrein.com/library/download/PortalTCO.pdf (19.06.2003)

1. „Verminderung der Transaktionskosten
2. Verbesserung von Collaboration und Knowledge Sharing
3. Zugriff auf Applikationen und Daten via Web: Verbesserung des Angebots
4. Kosteneinsparung bez. Secure Remote Access
5. Verbesserung der Mitarbeiter-Produktivität"[19]

Zur Ermittlung des betriebswirtschaftlichen Nutzen von Portalen kann das Schema gem. Abbildung 6 herangezogen werden:

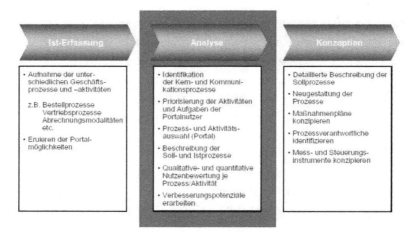

Abbildung 6: Ermittlung des betriebswirtschaftlichen Nutzen von Portalen[20]

Über die Ist-Erfassung der unterschiedliche Geschäftsprozesse und -aktivitäten zur Analyse und Optimierung der Prozesse.

[19] Amrein, Jürgen: Amrein Engineering AG, URL: http://www.amrein.com/library/download/PortalTCO.pdf (19.06.2003)
[20] Pfafferott, Iris; avinci GmbH; URL: http://www.competence-site.de/controlling.nsf/FE997F2CE5C76E63C1256B13004B5BC3/$File/kosten_nutzen_unternehmensportale_avinci.pdf (19.06.2003)

4.3. Anbieter für Portalsoftware

„Schlüsselfertige Portale", so wird auf dem PDF-Flyer der *Home of the Brave – Internet Technology Based Solution GmbH* geworben. Die Zahl der Portalapplikationsanbieter ist in kürzester Zeit enorm gewachsen, das Unternehmen hat sich nicht nur die Frage zu stellen, ob es ein Enterprise-Portal einsetzt, sondern mit welchen Portal-Anbieter sie zusammen arbeiten möchte.

Die Eingrenzung kann allerdings schon vorab über die vorhandene Applikations-Umgebung erfolgen. So arbeitet Sun Microsystems mit PIRONET NDH zusammen, um seinen Sun ONE Portal Server mit dem CRM-System pirobase® anzubieten. Andere Firmen wie SAP bieten Portale, welche wiederum kompatibel zu den eigens angebotenen Business-Lösungen sind. So finden sich auch Anbieter, welche über EAI-Schichten Ihre Lösungen in den Betrieb integrieren. Abbildung 7 gibt zum Schluss einen kleinen Überblick über Hersteller und deren Portalapplikationen:

Hersteller	Produktbezeichnung
BEA Systems	WebLogic E-Business Platform
BroadVision	InfoExchange Portal
Computer Associates	CleverPath Portal
Epicentric	Epicentric Foundation Server
Hummingbird	Hummingbird EIP
IBM	WebSphere Portal Server, Enterprise Information Portal
Microsoft	SharePoint Portal Server
Oracle	9IAS Portal
Plumtree	Corporate Portal
SAP Portals	SAP Enterprise Portals
Sun Microsystems	iPlanet Portal Server
Sybase	Sybase Enterprise Portal
Viador	E-Portal Framework

Abbildung 7: Hersteller und Produkte von Portalapplikationen[21]

---

[21] Schelp, Joachim; Winter, Robert in: Meinhardt, Stefan; Popp, Karl: „Enterprise-Portale & Enterprise Application Integration"; dpunkt.verlag; Juni 2002; Seite 18

5. Fazit

Die Optimierung der Geschäftsprozesse hat durch die Weiterentwicklung der EDV-Lösungen und damit des eBusiness einen Stand erreicht, dass Unternehmen durch den wohlüberlegten Einsatz der entsprechenden Lösungen die

- Durchlaufzeiten von Aufträgen und Informationen verringern und
- Kosten sparen können.

Beide Punkte sind relevant für die Außenwirkung, die Wünsche der Kunden bzw. Geschäftspartner werden schneller befriedigt und die ersparten Kosten können zu Gunsten der Konkurrenzkampfes weitergegeben werden.

Der Einsatz von Enterprise-Portalen im Rahmen von EAI-Systemen stellt in diesem Zusammenhang quasi den Feinschliff dar, eine Frontend-Lösung bietet den Zugang zu allen Backend-Lösungen. Gleichzeitig ist dieser Feinschliff, die Errichtung eines globalen Enterprise-Portals, die größte Herausforderung für das Unternehmen. Für die Einführung muss eine entsprechende Basis vorliegen, da die Kosten sonst unkontrollierbar werden. Hat das Unternehmen sein eBusiness mit einem Baukastensystem von großen Softwarehäusern wie z.B. SAP aufgebaut, welche ebenfalls Portal-Lösungen anbieten, so ist der Schritt in Richtung Portal aus den oben erarbeiteten Kriterien logisch und richtig. Herrscht allerdings ein Applikations-Wildwuchs von mehreren Software-Lösungen, sollte sich der Portal-Einsatz zunächst auf bestimmte, kalkulierbare Bereiche beschränken. Die Innovativ-Kraft sollte auf eine Revision der benutzen Software und deren Daten-Kompatibilität untereinander fokussiert werden.

Allerdings: hat das Unternehmen ein gut funktionierendes, nach allen Seiten (intern und extern) akzeptiertes, globales Enterprise-Portal, kann es sicher sein, dass die Basis, die Organisationsstruktur sowie die EDV-technischen Lösungen, ein solides Standbein ist.

Daher ist das Enterprise-Portal auf jeden Fall erstrebenswert.

Quellen- und Literaturverzeichnis

Amm, Martin (adenin TECHNOLOGIES AG), Dritter virtueller Roundtabel, Mai 2001, URL: http://www.contentmanager.de/magazin/artikel_43-23_dritter_virtual_roundtable_-.html (01.06.2003)

Amrein, Jürgen, Amrein Engineering AG, URL: http://www.amrein.com/library/download/PortalTCO.pdf (19.06.2003)

Dietmar; Mülder, Wilhelm; Grundkurs Wirtschaftsinformatik; 4. Auflage 09/2002 Goldman Sachs Investment Research, „Internet Portals in Europe", 24. März 1999, URL: http://people.freenet.de/kmoschner/europe_portals.pdf (19.06.2003)

Gurzki, Thorsten, Frauenhofer Institut, Arbeitswirtschaft und Organisation; URL: http://www.gurzki.de/vortraege/ebusiness_lounge2003/Gurzki_Mitarbeiterportal e_E_Business_Lounge_Hamburg.pdf (19.06.2003)

Hansen, H.R.; Neumann, G.; „Wirtschaftsinformatik I"; UTB, 8. Auflage 2002

Ohne Verfasser: Home of the Brave – Internet Technology Based Solution GmbH, URL: http://home.of.the.brave.de/Produkte/Portale/ (25.06.2003)

Pfafferott, Iris; avinci GmbH; URL: http://www.competence-site.de/controlling.nsf/FE997F2CE5C76E63C1256B13004B5BC3/$File/kosten_nutzen_unternehmensportale_avinci.pdf (19.06.2003)

Schätzler, Daniel; Eilingsfeld, Fabian: „Intranets" 1.Auflage

Schelp, Joachim; Winter, Robert in Meinhardt, Stefan; Popp, Karl „Enterprise-Portale & Enterprise Application Integration"; dpunkt.verlag; Juni 2002

Schmietendorf, Andreas; Dimitrov, Evgeni; Lezius, Jens; Dumke, Reiner in: in Meinhardt, Stefan; Popp, Karl „Enterprise-Portale & Enterprise Application Integration"; dpunkt.verlag; Juni 2002

Tongalogolu, Cetin, "Web Portale", 24.01.2001, URL: http://vsis-www.informatik.uni-hamburg.de/vir/vortraege/VIR2000-Tongaloglu-portals/sld011.htm (24.06.2003)

Utzinger, Stefan (Conceptware AG): Dritter virtueller Roundtabel, Mai 2001, URL: http://www.contentmanager.de/magazin/artikel_43-23_dritter_virtual_roundtable_-.html (01.06.2003)